DIAGRAMA DE VENN

A BILINGUAL BOOK

De RODOLFO VILLICANA

www.math2kids.com

Cuento bilingüe que nos relata cómo las unidades por medio de un juego aprendieron a utilizar el Diagrama de Venn.
Es una buena herramienta para aprender vocabulario tanto en Inglés como en Español.

Bilingual story that tells us how the units through a game learned to use the Venn Diagram.
It is a very good tool to learn vocabulary in both English and Spanish.

Todas 1 las **unidades** 2 estábamos **jugando** 3 a **vender** 4 y **comprar** 5 **alimentos** 6 en el supermercado

All 1 the **units** 2 were **playing** 3 **to sell** 4 and **buy** 5 **food** 6 in the supermarket.

MARKET

Pero 1 **teníamos** 2 **toda** 3 la mercancía revuelta. Por lo que se nos dificultaba **encontrar** 4 el producto que **andábamos buscando** 5.

But 1 **we had** 2 all 3 the merchandise messy . So it was difficult for us **to find** 4 the product **we were looking for** 5.

La maestra Mily nos **sugirió** 1 que **clasificáramos** 2 o separáramos nuestra **mercancía** 3 en 4 grupos: en **frutas** 4, **verduras** 5, **cereales** 6 y en **alimentos de origen animal** 7. Así se nos **haría más fácil** 8 **encontrar** 9 todos los productos.

The teacher Mily **suggested** 1 that **we classify** 2 or separate our **merchandise** 3 into 4 groups: in **fruits** 4, **vegetables** 5, **cereals** 6 and in **foods of animal origin** 7. This would **make it easier** 8 for us **to find** 9 all the products.

La maestra **nos dio** [1] 4 aros de colores **para hacer** [2] **más fácil** [3] la clasificación.

Nos dijo [4] que en el aro **rojo** [5] colocáramos todos los alimentos de origen animal. En el aro **verde** [6] todas las verduras. En el aro **anaranjado** [7] todas las frutas y en el aro **amarillo** [8] todas las semillas y cereales.

The teacher **gave us** [1] 4 colored rings **to make** [2] sorting **easier** [3].

She told us [4] to put all the food of animal origin in the **red** [5] ring. In the **green** [6] ring all the vegetables. In the **orange** [7] ring all the fruits and in the **yellow** [8] ring all the seeds and cereals.

En el anillo rojo, de la comida de los animales, **colocamos** 1: la **carne** 2, un **pescado** 3, el **tocino** 4, la **leche** 5, un **queso** 6 , el yogur, la crema, la **mantequilla** 7, el **jamón** 8, una **pierna de cerdo** 9, un **pollo** 10, la **salchicha** 11 , un **pulpo** 12, una **langosta** 13, los nugets de pollo, un muslo de pollo, el atún, el **camarón** 14, la **ostra** 15 y el chorizo.

In the red ring, of the food from animals, **we place** 1: the **meat** 2, a **fish** 3, the **bacon** 4, the **milk** 5, a **cheese** 6, the yogurt, the cream, the **butter** 7, the **ham** 8, a **pork leg** 9, a **chicken** 10, the **sausage** 11, a **octopus** 12, a **lobster** 13, the chicken nugets, a chicken leg, the tuna, a **shrimp** 14, a **oyster** 15 and the chorizo.

CREAM
HAM
TUNA

Mientras 1 que en el aro de las frutas, colocamos: la **naranja** 2, la **sandía** 3, el **limón** 4, el melón, la **manzana** 5, la **pera** 6, el **durazno** 7 , la **fresa** 8, el **plátano** 9, las **uvas** 10 y el tomate.

While 1 in the fruit ring, we place: the **orange** 2, the **watermelon** 3 , the **lemon** 4, the melon, the **apple** 5, the **pear** 6, the **peach** 7, the **strawberry** 8, the **banana** 9, the **grapes** 10 and the tomato.

¿ El **tomate** 1 ? . **Yo no estaba muy seguro** 2. **Así que** 3 **le pregunté** 4 a la maestra que sí el tomate era una fruta.
Y Mily **me contestó** 5: "el tomate es una fruta en términos botánicos".

Tomato 1 ? . **I wasn't really sure** 2. **So** 3 **I asked** 4 the teacher if the tomato was a fruit. And Mily **answered me** 5: "the tomato is a fruit in botanical terms".

En el aro de las **legumbres** 1 y **verduras** 2 **pusimos** 3: la **papa** 4, la **lechuga** 5, el **ajo** 6, el **apio** 7, **pepino** 8, la **cebolla** 9, la **zanahoria** 10 y las espinacas.

In the ring of **legumes** 1 and **vegetables** 2 **we put** 3: a **potato** 4, a **lettuce** 5, **garlic** 6, **celery** 7, **cucumber** 8, an **onion** 9, a **carrot** 10 and spinach.

Y **finalmente** 1, en el aro de los alimentos provenientes de **semillas** 2 y cereales, colocamos: los **frijoles** 3, los **chicharos** 4, el **arroz** 5, el **trigo** 6, la **avena** 7, el **maíz** 8, los cacahuates, el pan y las tortillas.

And **finally** 1**,** in the ring of food from **seeds** 2 and cereals, we place: **beans** 3, **peas** 4, **rice** 5, **wheat** 6, **oats** 7, **corn** 8, peanuts, bread and tortillas.

¿ **Cacahuates** 1, **pan** 2 y tortillas ?, preguntó el número Dos. “Así es”, **dijo** 3 la maestra: “los cacahuates son **semillas** 4 igual que los frijoles ”.

“Y las tortillas y el pan son alimentos que se producen con **cereales** 5. Pues la tortilla se hace con maíz y el pan **se hace** 6 con **harina** 7 que **proviene** 8 del trigo ”.

Peanuts 1, **bread** 2 and tortillas? Asked Number Two. "That's right," **said** 3 the teacher, "peanuts are **seeds** 4 just like beans."

“And tortillas and bread are foods that are produced with **cereals** 5. The tortilla is made with corn and the bread **is made** 6 with **flour** 7 that **comes from** 8 wheat ”.

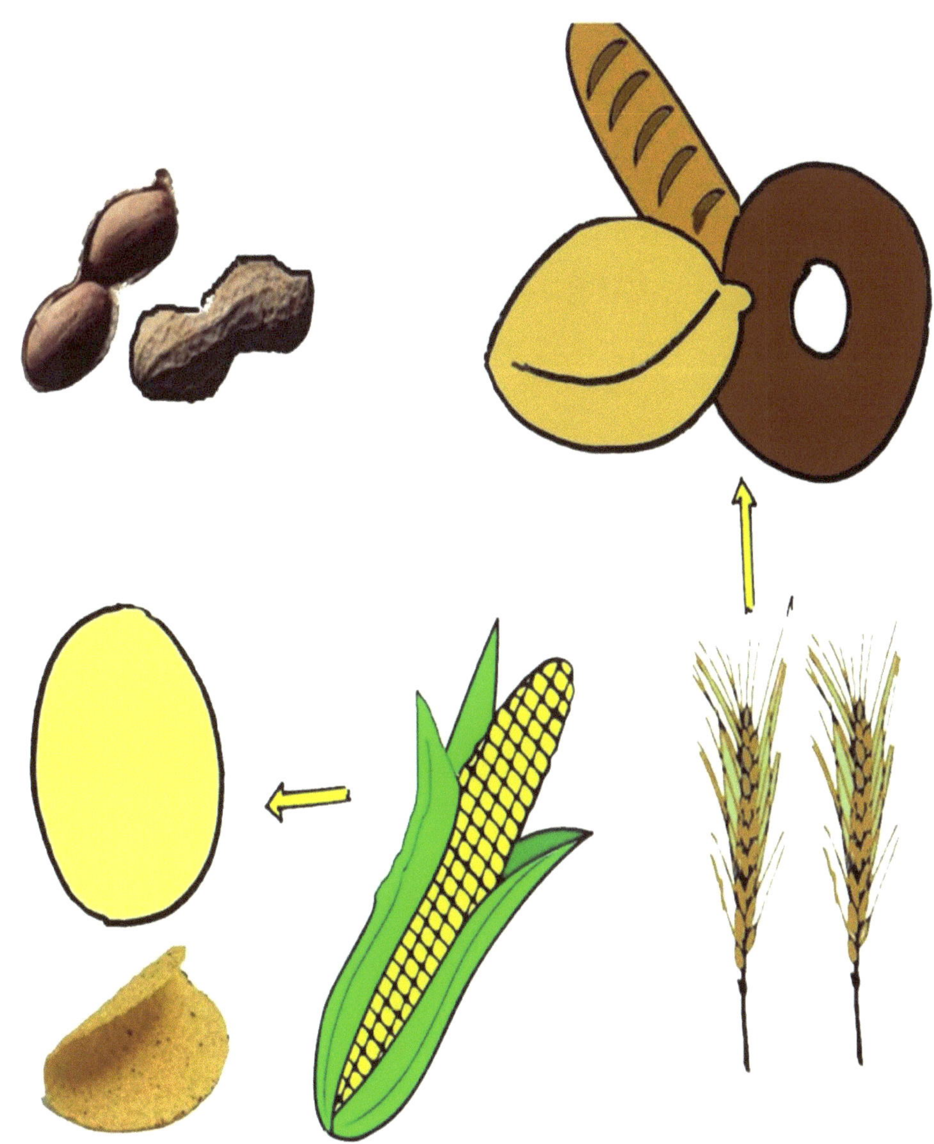

¿ Y en **dónde** 1 **ponemos** 2 esta hamburguesa ?.
- **Preguntó** 3 la número Ocho.

And **where** 1 do **we put** 2 this delicious burger?
Asked 3 number Eight.

Y Mily **dijo** 1: " **usaremos** 2 un Diagrama de Venn, y **pondremos**3 la hamburguesa en la intersección de **todos** 4 los aros ".
¿ Y qué es un diagrama de Venn ?, le **preguntamos** 5 a Mily. Y **ella nos contestó** 6 : " el Diagrama de Venn es una **herramienta** 7 que nos **ayuda** 8 a clasificar cosas que **pertenecen** 9 al mismo **tiempo** 10 a diferentes grupos o conjuntos. Y para que lo **entiendan** 11 mejor se los voy a explicar con un ejemplo ".

And Mily **said** 1, "**We will use** 2 a Venn Diagram, and **we will put** 3 the hamburger at the intersection of **all** 4 the rings."
And what is a Venn Diagram ?, **we asked** 5 Mily.
And **she answered us** 6: "The Venn Diagram is a **tool** 7 that **helps** 8 us classify things that **belong** 9 to different groups at the same **time** 10. And so that **you understand** 11 it better, I am going to explain it to you with an example ".

Venn diagram

Mily **tomó** 1 2 aros de colores y **varios** 2 animales de **juguete** 3. Y clasificó los animales en 2 grupos: en animales que **vuelan** 4 y en animales que **nadan** 5.En el grupo de animales que vuelan colocó: una **paloma** 6, una **mariposa** 7 y una **mosca** 8 .Y en el grupo de los animales que nadan colocó: un **pescado** 9, una **tortuga** 10 y un **pulpo** 11.

Mily **took** 1 2 colored hoops and **several** 2 **toy** 3 animals. And she classified the animals in 2 groups: in animals that **fly** 4 and in animals that **swim** 5. In the group of animals that fly she placed: a **dove** 6, a **butterfly** 7 and a **fly** 8. And in the group of animals that swim she placed: a **fish** 9, a **turtle** 10 and an **octopus** 11.

VUELAN
NADAN

Luego, Mily **tomó** 1 un **pato** 2 de juguete y **nos preguntó** 3: " ¿ en **dónde colocamos** 4 al pato, en el grupo de los animales que vuelan o en el grupo de los animales que nadan ?. El pato vuela **pero** 5 **también** 6 nada ".

Then, Mily **took** 1 a toy **duck** 2 and **asked us** 3: "**Where do we place** 4 the duck, in the group of animals that fly or in the group of animals that swim? The duck flies **but** 5 **also** 6 swims ".

Para resolver[1] este problema, Mily nos **sugirió**[2] que pusieramos los aros un poco **juntos**[3], y que colocáramos al pato en la intersección de los 2 aros. Y de **esta manera**[4], el pato **estaría**[5] en el grupo de los animales que **vuelan**[6] y al mismo tiempo estaría en el grupo de los animales que **nadan**[7].
“A esta manera de **clasificar**[8] una cosa que **pertenece**[9] al mismo tiempo a 2 o más grupos **se le conoce**[10] con el nombre de Diagrama de Venn ”.

To solve[1] this problem, Mily **suggested**[2] that we put the rings **together**[3] a bit, and that we place the duck at the intersection of the 2 rings. And in **this way**[4], the duck **would be**[5] in the group of animals that **fly**[6] and at the same time it would be in the group of animals that **swim**[7]. "This way of **classifying**[8] a thing that **belongs**[9] to 2 or more groups at the same time **is known**[10] by the name of Venn Diagram."

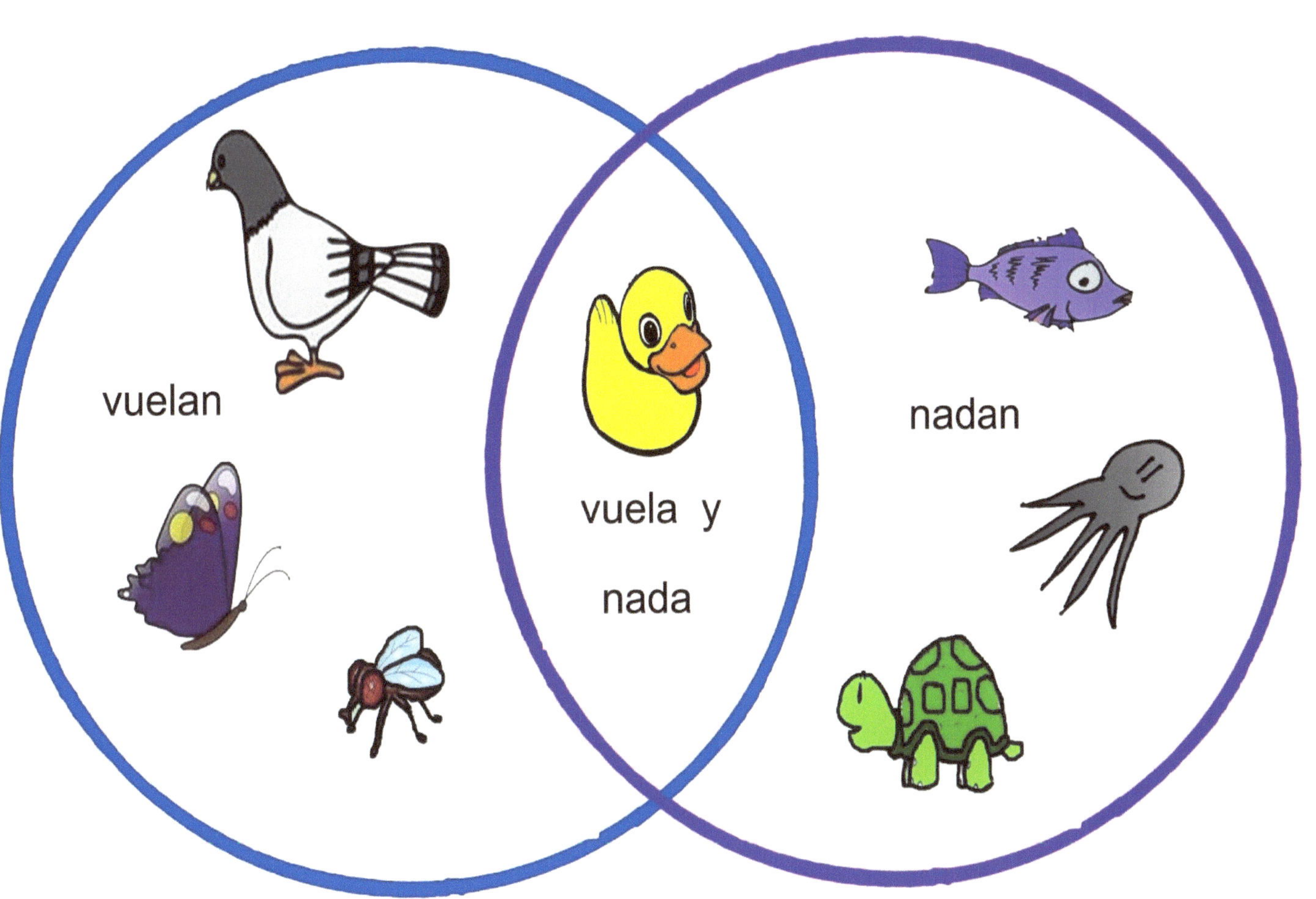

Diagrama de Venn

Luego Mily nos dijo: “ la hamburguesa **contiene** [1] **cosas** [2] que provienen de diferentes grupos alimenticios. Contiene **carne** [3], **tocino** [4] y **queso amarillo** [5], que son de origen animal. También tiene cosas que provienen de los vegetales como: la **lechuga** [6], la cebolla y el **pepinillo** [7]. Así mismo contiene pan que se produce con **harina** [8] que proviene del trigo, que es un cereal. Y por último contiene tomate, que proviene de las frutas. Por lo que **colocaremos** [9] a la hamburguesa en la intersección de los 4 **aros** [10].

Then Mily told us: “The hamburger **contains** [1] **things** [2] that come from different food groups. It contains **meat** [3], **bacon** [4] and **yellow cheese** [5], which are of animal origin. It also has things that come from vegetables like: **lettuce** [6], onion and **pickle** [7]. It also contains bread that is produced with **flour** [8] that comes from wheat, which is a cereal. And finally it contains tomato, which comes from fruits. So **we will place** [9] the hamburger at the intersection of the 4 **rings** [10].

Frutas
Cereales
Carne
Verduras

y el número Dos **dijo** 1: “ **nunca pensé** 2 que una hamburguesa **fuera** 3 tan complicada ”. Y todos los alumnos y la maestra nos **reímos** 4.

FIN

And Number Two **said** 1, "**I never thought** 2 a hamburger **was** 3 so complicated." And all the students and the teacher **laughed** 4.

END

Frutas
Cereales
Carne
Verduras

CONCEPTOS MATEMATICOS

MATH CONCEPTS

Clasificar .- se refiere a la acción de separar en grupos a los elementos que tienen las mismas características o que siguen un mismo fin.

Ordenar .- se refiere a la acción de poner en orden un conjunto de cosas de acuerdo a un criterio previamente establecido.

Classify .- refers to the action of separating into groups the elements that have the same characteristics or that follow the same purpose.

Order .- refers to the action of putting a set of things in order according to a previously established criterion.

Conjunto.- Grupo de elementos que tienen las mismas características.

Los objetos que forman un conjunto son llamados **miembros o elementos.**

Diagrama de Venn.- Es una herramienta gráfica para clasificar o separar elementos que pertenecen al mismo tiempo a diferentes grupos con diferentes características en cada grupo.

Set.- Group of elements that have the same characteristics.

The objects that make up a set are called **members or elements**.

Venn Diagram.- It is a graphic tool to classify or separate elements that belong at the same time to different groups with different characteristics in each group.

Otros cuentos de Matemáticas de la colección de Math 2 kids

www.math2kids.com

1.- Uno
2.- Luna llena
3.- Los 3 amigos
4.- Los 3 amigos brincan en la cama
5.- Los colores de la granja
6.- Los 3 amigos y el feroz borrador
7.- Los 3 amigos van a pescar
8.- La tropa
9.- Los 5 exploradores
10.- Vamos al parque de diversiones
11.- El primer día de escuela
12.- ¿ Y dónde está el hamster ?
13.- Los números van en orden
14.- El orden es importante
15.- ¿ Cómo se escribe mi nombre ?
16.- El día de tomarse la foto.
17.- Gráfica de barras
18.- El cumpleaños del número Uno
19.- Patrones de colores
20.- Nuestro amigo el Cero
21.- El mundo de las figuras
22.- El círculo es importante
23.- Invitemos a jugar a las figuras
24.- Un desfile de figuras
25.- Un mundo de colores
26.- Dibujando con figuras
27.- La Cerocienta
28.- El uno que es una decena
29.-Un viaje al país de las decenas
30.- El día 100 de la escuela
31.- Clasificando alimentos
32.- 1, 5, 10 y 25 centavos
33.- Los números juegan al reloj
34.- Más y Menos
35.- El signo Igual
36.- Apreniendo a sumar
37.- Sumando es mejor
38.- Mayor y menor que
39.- Nones contra pares
40.- Medidas
41.- Jugando a medir
42.- La fiesta de disfraces
43.- Los números van de paseo
44.- Para cambiar el autobús
45.- Jugando con el domino
46.- Jugando a la tiendita
47.- Dieznieves y los 7 enanos
48.- Cuando eran más altos
49.- Los 3 deseos de Pedro
50.- Un cuento de números
51.- El valor según su posición
52.- El poder del número 10
53.- Tabla mágica
54.- Los números romanos
55.- Dosperucita Roja
56.- Una carrera para contar
57.- La historia del calendario
58.- Las estaciones del año
59.- Como usar el calendario
60.- La historia del reloj
61.- El Cinco aprende a multiplicar
62.- Aprendiendo a usar el reloj
63.- ¿ Cómo se inventó el dinero ?
64.- Un centavo muy trabajador
65.- Un regalo inesperado
66.- Aprende a dividir de una manera divertida en una semana
67.- Multiplicando con manipulativos
68.- Cuento para multiplicar
69.- ¿ Y qué es el perímetro ?
70.- Fué un cuento medir ese terreno
71.- Cómo calcular cualquier área
72.- Un pastel para Milly
73.- El diagrama de Venn
74.- Las coordenadas de un cuento
75.- Las fracciones de un cuento
76.- Mitades, cuartos y octavos
77.- Sumando fracciones
78.- Un viaje inesperado
79.- El día que ganamos la lotería
80.- Es un juego de probabilidades
81.- Cómo multiplicar sí no te sabes las tablas de multiplicar.
82.- ¿ Y que operción tengo que usar ?

Other Math Lessons from Math 2 kids

1.- The number One
2.- Full moon
3.- The 3 friends
4.- The 3 friends jump in bed
5.- The colors of the farm
6.- The 3 friends and the fierce eraser
7.- The 3 friends go fishing
8.- The troop
9.- The 5 explorers
10.- Let's go to the amusement park
11.- The first day of school
12.- And where is the hamster?
13.- The numbers go in order
14.- The order is important
15.- How is my name spelled?
16.- The day of taking the photo.
17.- Bar graph
18.- The number One birthday
19.- Color patterns
20.- Our friend the number Zero
21.- The world of figures
22.- The circle is important
23.- Let's invite the figures to play
24.- A parade of figures
25.- A world of colors
26.- Drawing with figures
27.- Zeronderella
28.- The one that is a ten
29.-A trip to the country of tens
30.- The 100th day of school
31.- Sorting food
32.- 1, 5, 10 and 25 cents
33.- The numbers play the clock
34.- More and Less
35.- The Equal sign
36.- Learning to add
37.- Adding is better
38.- Greater and less than
39.- Odds against pairs
40.- Measurements
41.- Playing to measure
42.- My credit card
43 The units go to a field day

- 44.- To change the old bus
- 45.- Playing with the domain
- 46.- Our store
- 47.- Teensnow white and the 7 dwarfs
- 48.- When they were taller
- 49.- Pedro's 3 wishes
- 50.- A tale of how the numbers were invented
- 51.- The value according to its position
- 52.- The power of number 10
- 53.- Magic Table
- 54.- Roman numerals
- 55.- Two Little Red Riding Hood
- 56.- A race to count
- 57.- The history of the calendar
- 58.- The seasons of the year
- 59.- How to use the calendar
- 60.- The history of the clock
- 61.- The Five learn to multiply
- 62.- Learning to use the clock
- 63.- Story of how the money was invented
- 64.- A very hard working penny
- 65.- An unexpected gift
- 66.- Learn to divide in a way fun in a week
- 67.- Multiplying with manipulatives
- 68.- Story to multiply
- 69.- And what is the perimeter?
- 70.- It was a story measuring that terrain
- 71.- How to calculate any area
- 72.- A cake for Milly
- 73.- The Venn diagram
- 74.- The coordinates of a story
- 75.- The Story of how the fractions were invented.
- babilities

www.ingramcontent.com/pod-product-compliance
Lightning Source LLC
Chambersburg PA
CBHW042058110726
48006CB00002B/437

* 9 7 9 8 7 4 5 4 7 0 2 9 5 *